中文书写基础练习

Elementary Practise of
Chinese Handwriting
BY Jing Xiaopeng

荆霄鹏 书

中原出版传媒集团
中原传媒股份公司

河南美术出版社
·郑州·

图书在版编目（CIP）数据

中文书写基础练习 / 荆霄鹏书. — 郑州 ：河南美术出版社，2019.7

ISBN 978-7-5401-4702-0

Ⅰ．①中… Ⅱ．①荆… Ⅲ．①汉语－对外汉语教学－水平考试－教学参考资料 Ⅳ．①H195.4

中国版本图书馆 CIP 数据核字 (2019) 第 058527 号

中文书写基础练习

荆霄鹏 书

责任编辑：张浩

责任校对：谭玉先

选题策划：墨点字帖

封面设计：墨点字帖

出版发行：河南美术出版社

地　　址：郑州市金水东路 39 号

邮政编码：450016

电　　话：(0371) 65727637

印　　刷：湖北金帆印务有限公司

开　　本：787mm×1092mm　1/16

印　　张：3.5

版　　次：2019 年 7 月第 1 版

印　　次：2019 年 7 月第 1 次印刷

定　　价：20.00 元

《中文书写基础练习(Elementary Practise of Chinese Handwriting)》是一本结合《YCT标准教程》编写的字帖,适合零起点中文学习者使用。全书主要从以下方面对中文书写进行讲解。

拼音:47 个汉语拼音书写练习。描红与临写相结合,配合笔顺提示,利于快速掌握。

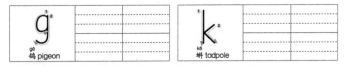

笔画:21 个基本笔画书写指导,以例字巩固练习,基础掌握与实际运用相结合。

	书写提示:笔从上向下运动。
丨	Writing Tips: A vertical is written from top to bottom.

结构:汉字 7 种结构讲解。精选例字,巩固练习。

jiǔ	
九	

笔顺:7 个笔顺规则讲解,帮助掌握汉字书写规则。

xià	
下	

偏旁部首:36 个偏旁部首书写指导。描临结合,强化训练。

	书写提示:"目"作偏旁的字多和眼睛或视觉有关。目字旁一般在字的左侧。
目	Writing Tips: The pictographic script 目 as a radical is related to eyes or vision. It often used as the left component of a character.

词语:精选《YCT 标准教程》"词语表"中的词语,并按照词性进行分类,方便练习。

jiě	jie						
姐	**姐**						
elder sister							

目录 CONTENTS

拼 音
Chinese Pinyin

shēng mǔ
声母 *Initials*

b bō 播 broadcast	b	b
	b	b
p pō 泼 splash	p	p
	p	p
m mō 摸 touch	m	m
	m	m
f fó 佛 buddha	f	f
	f	f
d dē 嘚 clip-clop	d	d
	d	d
t tè 特 special	t	t
	t	t
n ne 呢 modal particle	n	n
	n	n
l lè 乐 happy	l	l
	l	l
g gē 鸽 pigeon	g	g
	g	g
k kē 蝌 tadpole	k	k
	k	k
h hē 喝 drink	h	h
	h	h
j jī 鸡 chicken	j	j
	j	j

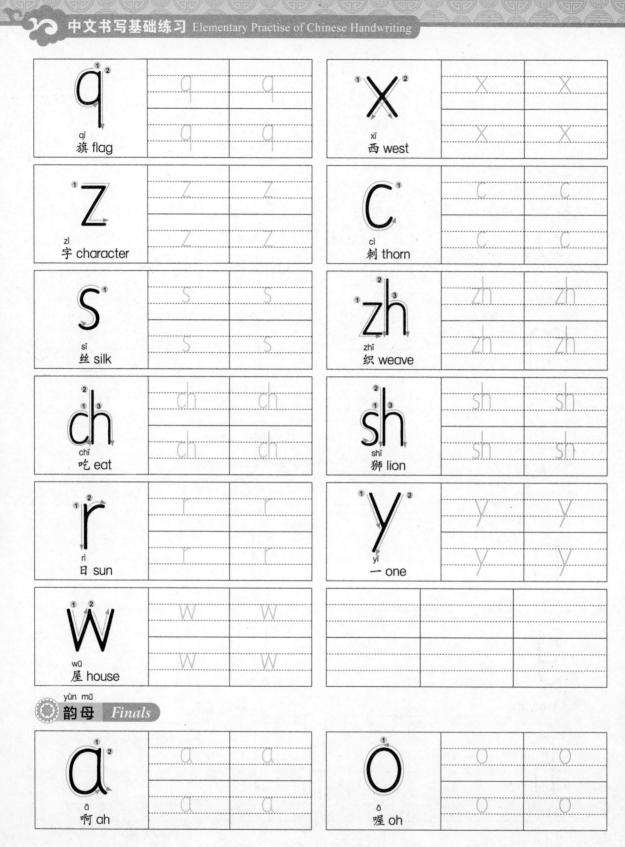

q
qí
旗 flag

x
xī
西 west

z
zì
字 character

c
cì
刺 thorn

s
sī
丝 silk

zh
zhī
织 weave

ch
chī
吃 eat

sh
shī
狮 lion

r
rì
日 sun

y
yī
一 one

w
wū
屋 house

yùn mǔ
韵母 *Finals*

a
ā
啊 ah

o
ō
喔 oh

e
é
鹅 goose

i
yī
衣 clothes

u
wū
屋 house

ü
yú
鱼 fish

ai
ài
爱 love

ei
lèi
累 tired

ui
wéi
围 surround

ao
áo
嗷 ouch

ou
ǒu
藕 lotus root

iu
yóu
游 swim

ie
yè
叶 leaf

üe
yuē
约 appointment

er
ěr
耳 ear

an
ān
安 safe

en	en	en
èn 摁 press	en	en

in	in	in
yìn 印 print	in	in

un	un	un
wén 蚊 mosquito	un	un

ün	ün	ün
yún 云 cloud	ün	ün

ang	ang	ang
áng 昂 raise	ang	ang

eng	eng	eng
wēng 嗡 hum	eng	eng

ing	ing	ing
yīng 鹰 eagle	ing	ing

ong	ong	ong
lóng 龙 dragon	ong	ong

zì yóu liàn xí 自由练习 *Free practise*

bǐ　　　huà

笔　画

Strokes of Chinese Characters

héng 横 *Horizontal*

书写提示：笔从左向右运动。

Writing Tips： A horizontal is written from left to right.

shù 竖 *Vertical*

书写提示：笔从上向下运动。

Writing Tips： A vertical is written from top to bottom.

piě 撇 *Left-falling*

书写提示：笔从右上向左下运动。

Writing Tips： A left-falling is written from the top right to the bottom left.

nà 捺 *Right-falling*

书写提示:笔从左上向右下运动。起笔较轻,运笔逐渐用力。

Writing Tips: A right-falling is written from the top left to the bottom right with increasing force.

diǎn 点 *Dot*

书写提示:笔从上向右下顿。

Writing Tips: The dot of a character begins from the top and slants to the bottom right with a reinforced pause.

tí 提 *Rising*

书写提示:笔从左下向右上运动,起笔较重,再迅速向右上提笔。

Writing Tips: A rising forcibly begins from the lower left and moves to the top right rapidly.

zì yóu liàn xí 自由练习 *Free practise*

héng zhé
横折 *Horizontal-turning*

书写提示:从左向右写横笔,再稍转向左下写竖笔。

Writing Tips: First write a horizontal stroke from left to right, then turn down at a right angle.

héng piě
横撇 *Horizontal to left-falling*

书写提示:从左向右写横笔,再转向左下写撇,笔画不间断。

Writing Tips: First write a horizontal stroke from left to right, then write a left-falling to the bottom left without break between strokes.

héng gōu
横钩 *Horizontal hook*

书写提示:先从左至右写横,再向左下迅速出钩。钩要短。

Writing Tips: First write a horizontal stroke from left to right, then bends at its right end in the form of a small hook.

zì yóu liàn xí
自由练习 *Free practise*

shù zhé 竖折 *Vertical-turning*

レ	书写提示：先写竖笔，再转向右写横笔。竖的收笔即横的起笔，笔画不间断。
	Writing Tips: First write a vertical stroke, then turn right to write a horizontal without any break between strokes.

shù tí 竖提 *Vertical-rising*

し	书写提示：从上向下写竖笔，笔末向右上提笔。
	Writing Tips: First write a vertical stroke from top to bottom, then end the stroke with a short rising from the bottom to the top right.

shù gōu 竖钩 *Vertical hook*

亅	书写提示：从上向下写竖笔，竖末向左上方出钩。
	Writing Tips: First write a vertical stroke from top to bottom, then end the stroke with a left upward hook.

zì yóu liàn xí 自由练习 *Free practise*

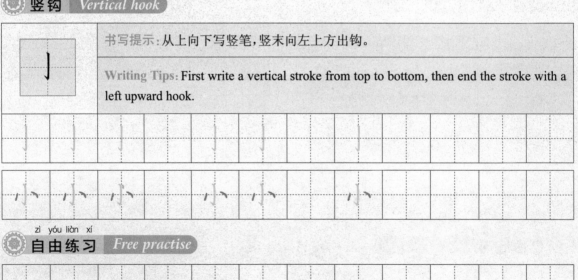

wān gōu 弯钩 *Crooked hook*

)	书写提示:从上向下写一个带有弧度的竖笔,笔末向左上出钩。
	Writing Tips: First write a curve from top to bottom, then end the stroke with a left upward hook.

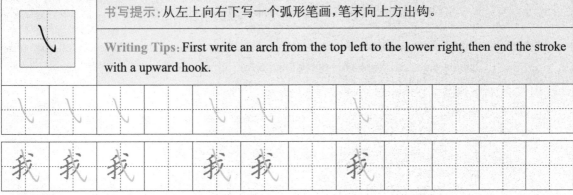

xié gōu 斜钩 *Slanting hook*

﹨	书写提示:从左上向右下写一个弧形笔画,笔末向上方出钩。
	Writing Tips: First write an arch from the top left to the lower right, then end the stroke with a upward hook.

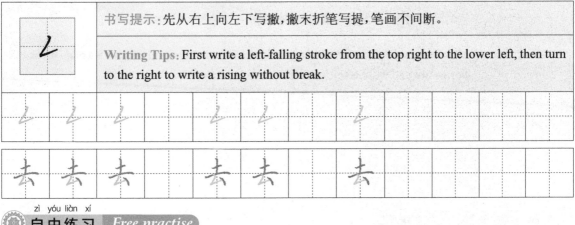

piě zhé 撇折 *Left-falling to turning*

ㄥ	书写提示:先从右上向左下写撇,撇末折笔写提,笔画不间断。
	Writing Tips: First write a left-falling stroke from the top right to the lower left, then turn to the right to write a rising without break.

zì yóu liàn xí 自由练习 *Free practise*

wò gōu
 卧钩 *Lying hook*

㇃	书写提示：从左上入笔,向右下方行笔写弧形笔画,渐行渐平,最后向左上方出钩。
	Writing Tips: First write an upturned arch from the top left to the lower right, gradually flattening, then end the stroke with an upward hook.

piě diǎn
撇点 *Left-falling to dot*

𡿨	书写提示：先从右上向左下写撇,再转向右下写长点,一笔写完。
	Writing Tips: First write a left-falling stroke from the top right to the lower left, then turn to the right and write a big dot without break.

héng zhé gōu
横折钩 *Horizontal-turning-hook*

乛	书写提示：先从左至右写横笔,横末转向下行笔写竖,竖末向左上方出钩。
	Writing Tips: First write a horizontal stroke from left to right, then without any break turn downward and write a vertical with a hook to the top left.

zì yóu liàn xí
自由练习 *Free practise*

shù wān gōu
竖弯钩 *Vertical curved hook*

书写提示：先写竖笔，再转向右写横笔，至横末向上方出钩。

Writing Tips: First write a vertical stroke from top to bottom, then without any break turn to the right and write a horizontal stroke with an upward hook.

héng zhé wān gōu
横折弯钩 *Horizontal-turning curved hook*

书写提示：横折弯钩可以看作横与竖弯钩的组合，注意要一笔写完。

Writing Tips: The stoke is a combination of the horizontal and the vertical curved hook, the writing should be completed without any break.

shù zhé zhé gōu
竖折折钩 *Vertical-double-turning-hook*

书写提示：竖折折钩可以看作竖与横折钩的组合，注意笔画中间不可断笔。

Writing Tips: The stroke is a combination of the vertical and the horizontal-turning-hook, the writing should be completed without any break.

zì yóu liàn xí
自由练习 *Free practise*

jié   gòu

结 构

Structures of Chinese Characters

独体字 *Single-component characters*

书写提示:汉字的结构基本有两种,只由一个部分构成的汉字结构叫作"独体结构",由两个或者两个以上部分构成的汉字结构叫作"合体结构"。

Writing Tips: Basically Chinese characters fall into two types of structures: the single-component structure and the compound structure. The former has only one component, while the latter is made up of two or more components.

bā						
八	bā	bā	bā	bā	bā	

jǐ						
几	jǐ	jǐ	jǐ	jǐ	jǐ	

jiàn						
见	jiàn	jiàn	jiàn	jiàn	jiàn	

jiǔ						
九	jiǔ	jiǔ	jiǔ	jiǔ	jiǔ	

zuǒ yòu jié gòu
左右结构 *Left-right structure*

书写提示：合体结构的一种，它的结构图形为▯▯。

Writing Tips: It is one of the compound structures. Its structural graphic is ▯▯.

chī						
吃	chī	chī	chī		chī	chī
	吃	吃	吃		吃	吃

de						
的	de	de	de		de	de
	的	的	的		的	的

hǎo						
好	hǎo	hǎo	hǎo		hǎo	hǎo
	好	好	好		好	好

hé						
和	hé	hé	hé		hé	hé
	和	和	和		和	和

zì yóu liàn xí
自由练习 *Free practise*

zuǒ zhōng yòu jié gòu
左 中 右 结构 *Left-middle-right structure*

书写提示：合体结构的一种，它的结构图形为▯▯▯。

Writing Tips: It is one of the compound structures. Its structural graphic is ▯▯▯.

shù	一	十	木	木	木	材	枋	杉	树	树
树	shù	shù	shù		shù		shù			
	树	树	树		树		树			

jiē	⼃	⼃	彳	彳	往	往	往	街	街	
街	jiē	jiē	jiē		jiē		jiē			
	街	街	街		街		街			

xián	⼃	⼃	彳	往	往	往	街	街	街	
衔	xián	xián	xián		xián		xián			
	衔	衔	衔		衔		衔			

bān	一	二	干	王	王	珏	玟	班	班	班
班	bān	bān	bān		bān		bān			
	班	班	班		班		班			

zì yóu liàn xí
自由练习 *Free practise*

shàng xià jié gòu
上下结构 *Top-bottom structure*

书写提示:合体结构的一种,它的结构图形为 ⊟ 。

Writing Tips: It is one of the compound structures. Its structural graphic is ⊟.

fēn	分

hào	号

jiā	家

suì	岁

zì yóu liàn xí
自由练习 *Free practise*

shàng zhōng xià jié gòu
上 中 下 结构 *Top-middle-bottom structure*

书写提示:合体结构的一种,包含上中下三部分,其结构图形为 ▤。

Writing Tips: It is one of the compound structures. Its structural graphic is ▤.

gāo	一	十	六	古	古	高	高	高	高
高	gāo	gāo	gāo		gāo		gāo		
	高	高	高		高		高		

huáng	一	十	卄	世	芒	苗	菁	黄	黄
黄	huáng	huáng	huáng		huáng		huáng		
	黄	黄	黄		黄		黄		

fù	丿	亡	宀	亡	亡	亡	复	复	复
复	fù	fù	fù		fù		fù		
	复	复	复		复		复		

liàng	亠	十	六	六	宫	亭	亮	亮	亮
亮	liàng	liàng	liàng		liàng		liàng		
	亮	亮	亮		亮		亮		

zì yóu liàn xí
自由练习 *Free practise*

bàn bāo wéi jié gòu
半包围结构 *Half-enclosure structure*

书写提示：合体结构的一种，分为两面包围结构和三面包围结构。

Writing Tips: It is one of the compound structures, which includes the structure enclosed by two sides and the structure enclosed by three sides.

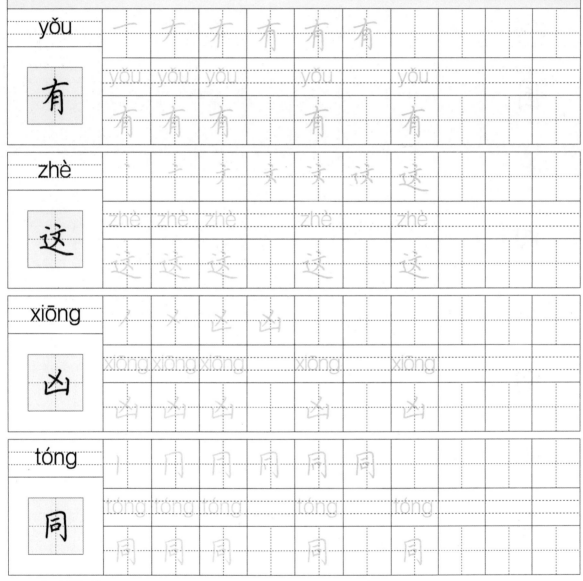

zì yóu liàn xí
自由练习 *Free practise*

全包围结构 *Enclosure structure*

quán bāo wéi jié gòu

书写提示:合体结构的一种,指四面包围结构,其结构图形为 回。

Writing Tips: It is a compound structure, which is enclosed on all the four sides. Its structural graphic is 回.

guó							
国							

sì							
四							

huí							
回							

yīn							
因							

自由练习 *Free practise*

zì yóu liàn xí

bǐ　　shùn
笔　顺
Stroke Order

xiān héng hòu shù
先横后竖 *Horizontal preceding vertical*

书写提示：在一个字中既有横又有竖时，一般先写横，后写竖。

Writing Tips: A horizontal should be written before a vertical.

shí						
十	shí	shí	shí	shí	shí	
	十	十	十	十	十	

gōng						
工	gōng	gōng	gōng	gōng	gōng	
	工	工	工	工	工	

xià						
下	xià	xià	xià	xià	xià	
	下	下	下	下	下	

tǔ						
土	tǔ	tǔ	tǔ	tǔ	tǔ	
	土	土	土	土	土	

先撇后捺 *Left-falling preceding right-falling*
xiān piě hòu nà

书写提示：在一个字中既有撇又有捺时，一般先写撇，后写捺。

Writing Tips: A left-falling usually should be written before a right-falling.

dà	一	丁	大			
大	dà	dà	dà	dà	dà	
	大	大	大	大	大	

tiān	一	二	天	天		
天	tiān	tiān	tiān	tiān	tiān	
	天	天	天	天	天	

tài	一	丁	大	太		
太	tài	tài	tài	tài	tài	
	太	太	太	太	太	

huǒ	丶	丷	火	火		
火	huǒ	huǒ	huǒ	huǒ	huǒ	
	火	火	火	火	火	

自由练习 *Free practise*
zì yóu liàn xí

cóng shàng dào xià
从 上 到 下 *Top preceding bottom*

书写提示：当一个字由上下两部分组成时，一般先写上半部分，再写下半部分。

Writing Tips: The upper stokes usually should be written before lower ones.

diǎn
点

duō
多

èr
二

fēn
分

zì yóu liàn xí
自由练习 *Free practise*

cóng zuǒ dào yòu 从左到右 *Left preceding right*

书写提示:当一个字由左右两部分组成时,一般先写左半部分,再写右半部分。
Writing Tips: A character of the left-right structure is usually written from the left to the right.

cì

次

丶　冫　汀　次　次

gǒu

狗

丿　犭　狗

hǎo

好

女　好　好

hé

和

二　千　禾　和

zì yóu liàn xí 自由练习 *Free practise*

xiān wài hòu nèi
先外后内 *Outside preceding inside*

书写提示:半包围结构的字,一般先写包围部分,再写被包围部分。

Writing Tips: A character of the half-enclosure structure is usually written from the outside to the inside.

chuáng										
床	chuáng	chuáng	chuáng		chuáng		chuáng			
	床	床	床		床		床			

jiān										
间	jiān	jiān	jiān		jiān		jiān			
	间	间	间		间		间			

téng										
疼	téng	téng	téng		téng		téng			
	疼	疼	疼		疼		疼			

yuè										
月	yuè	yuè	yuè		yuè		yuè			
	月	月	月		月		月			

zì yóu liàn xí
自由练习 *Free practise*

先里头后封口 *Inside preceding the last enclosing stroke*
xiān lǐ tou hòu fēng kǒu

书写提示：全包围结构的字，一般先写左、上、右三部分，再写被包围部分，最后写下面的横笔封口。

Writing Tips: The inside strokes of a character with the enclosure structure should be completed before the last enclosing stroke.

yuán									
园									

tú									
图									

quān									
圈									

yuán									
圆									

自由练习 *Free practise*
zì yóu liàn xí

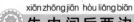

先中间后两边 *Middle preceding sides*

书写提示:中间部分较长或较宽的字,一般先写中间部分,后写两边。

Writing Tips: A character that is longer or wider in the middle, usually written from the middle to the two sides.

xiǎo						
小						

shuǐ						
水						

shān						
山						

bàn						
办						

自由练习 *Free practise*

piān páng bù shǒu
偏 旁 部 首
Chinese Radicals

kǒu zì páng
口字旁　*The radical "口"*

口	书写提示:"口"作偏旁的字多与口腔及其动作有关。口字旁一般在字的左侧。
	Writing Tips: The pictographic script 口 as a radical is relevant to a mouth or its actions. It often appears as the left component of a character.

rì zì páng
日字旁　*The radical "日"*

日	书写提示:"日"作偏旁的字多与太阳、时间等有关。日字旁一般在字的左侧。
	Writing Tips: The pictographic script 日 as a radical is generally relevant to the sun or time. It often appears as the left component of a character.

mù zì páng
目字旁　*The radical "目"*

目	书写提示:"目"作偏旁的字多和眼睛或视觉有关。目字旁一般在字的左侧。
	Writing Tips: The pictographic script 目 as a radical is related to eyes or vision. It often used as the left component of a character.

gōng zì páng
工字旁 *The radical "工"*

工	书写提示:"工"常在形声字中作声旁,工字旁在左侧写成"工",有时还可在上边、下边和右边。
	Writing Tips: The pictographic script 工 as a phonetic radical in phonogram characters is modified as "工" when used as the left component of a character, but it can also appear as the top, the right or the lower component of a character.

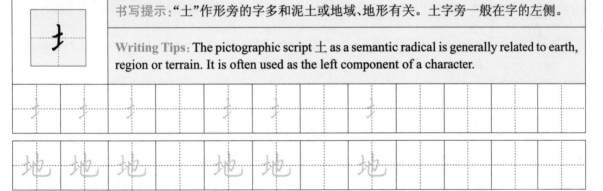

tǔ zì páng
土字旁 *The radical "土"*

土	书写提示:"土"作形旁的字多和泥土或地域、地形有关。土字旁一般在字的左侧。
	Writing Tips: The pictographic script 土 as a semantic radical is generally related to earth, region or terrain. It is often used as the left component of a character.

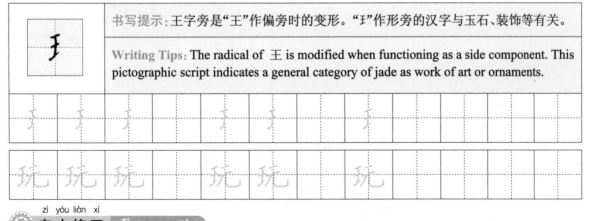

wáng zì páng
王字旁 *The radical "王"*

王	书写提示:王字旁是"王"作偏旁时的变形。"王"作形旁的汉字与玉石、装饰等有关。
	Writing Tips: The radical of 王 is modified when functioning as a side component. This pictographic script indicates a general category of jade as work of art or ornaments.

zì yóu liàn xí
自由练习 *Free practise*

sān diǎn shuǐ
三点水　　*The radical "氵"*

氵	书写提示:三点水作形旁的字一般和水有关系。三点水通常在字的左侧。
	Writing Tips: The radical "氵" is usually related to water. It is often used as the left component of a character.

| 氵 | 氵 | 氵 | | | 氵 | 氵 | | 氵 | |

| 没 | 没 | 没 | | 没 | 没 | | 没 | | |

dān rén páng
单人旁　　*The radical "亻"*

亻	书写提示:"亻"由"人"演变而来。单人旁作形旁的字多和人及人的行为、动作等有关。
	Writing Tips: The radical "亻" is evolved from the character "人", it is usually related to people, human activities or actions.

| 亻 | 亻 | 亻 | | 亻 | 亻 | | 亻 | | |

| 们 | 们 | 们 | | 们 | 们 | | 们 | | |

shuāng rén páng
双人旁　　*The radical "彳"*

彳	书写提示:"彳"作形旁的字多与道路或行走相关。双人旁通常在字的左侧。
	Writing Tips: The radical "彳" is usually related to road or walk. It is often used as the left component of a character.

| 彳 | 彳 | 彳 | | 彳 | 彳 | | 彳 | | |

| 行 | 行 | 行 | | 行 | 行 | | 行 | | |

zì yóu liàn xí
自由练习　*Free practise*

yán zì páng

言字旁 *The radical "讠"*

书写提示:言字旁,一般和语言、说话有关系。

Writing Tips: The radical "讠" is usually related to language and speech.

tí shǒu páng

提手旁 *The radical "扌"*

书写提示:"扌"由"手"演变而来。"扌"作形旁的字多与手的动作相关。

Writing Tips: The radical "扌" is evolved from the character "手". It is usually indicates an action related to a hand.

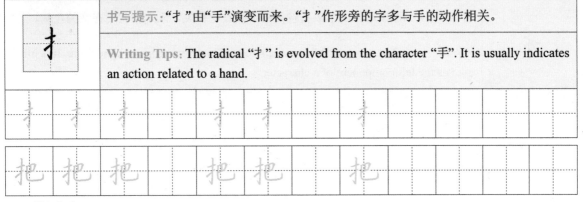

jiǎo sī páng

绞丝旁 *The radical "纟"*

书写提示:"纟"作形旁的字一般与丝有关。

Writing Tips: The radical "纟" is usually related to silk.

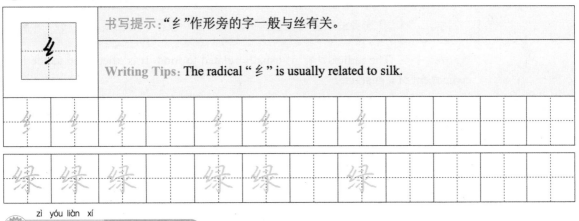

zì yóu liàn xí

自由练习 *Free practise*

<ruby>木字旁<rt>mù zì páng</rt></ruby> *The radical "木"*

书写提示："木"作形旁的字大多与植物有关。木字旁一般在字的左侧。

Writing Tips: The radical "木" is usually related to plants. It is often used as the left component of a character.

<ruby>禾木旁<rt>hé mù páng</rt></ruby> *The radical "禾"*

书写提示："禾"作形旁的字多与谷类植物或农业有关。禾木旁常用在字的左侧。

Writing Tips: The radical "禾" is usually related to cereal crops or agriculture. It is often used as the left component of a character.

<ruby>米字旁<rt>mǐ zì páng</rt></ruby> *The radical "米"*

书写提示："米"作形旁的字多与粮食有关。米字旁一般在字的左侧。

Writing Tips: The radical "米" is usually related to food. It is often used as the left component of a character.

<ruby>自由练习<rt>zì yóu liàn xí</rt></ruby> *Free practise*

shù xīn páng 竖心旁 *The radical "忄"*

忄	书写提示:"忄"由"心"演变而来。"忄"作形旁的字多与人的心理有关。
	Writing Tips: The radical "忄" is evolved from the character "心". It is usually related to one's mentality.

fǎn quǎn páng 反犬旁 *The radical "犭"*

犭	书写提示:"犭"作形旁的字一般与动物相关。"犭"是"犬"的变体。
	Writing Tips: The radical "犭" is usually related to animals. It is a variant of the character "犬"。

yuè zì páng 月字旁 *The radical "月"*

月	书写提示:"月"作形旁的字多与人体、肉有关。月字旁一般在字的左侧。
	Writing Tips: The radical "月" is usually related to human body or flesh. It is often used as the left component of a character.

zì yóu liàn xí 自由练习 *Free practise*

nǚ zì páng
女字旁 *The radical "女"*

女	书写提示:"女"作形旁的字多与女性相关。女字旁多写在字的左侧。
	Writing Tips: The radical "女" is usually related to women. It is often used as the left component of a character.

chóng zì páng
虫字旁 *The radical "虫"*

虫	书写提示:虫字旁的字一般与昆虫、爬行动物相关。其中"口"部须写得稍扁些。
	Writing Tips: The radical"虫" is usually related to insects or reptiles. The "口" of the radical should be flat.

zú zì páng
足字旁 *The radical "⻊"*

足	书写提示:"足"作形旁的字多与脚有关。足字旁一般在字的左侧。
	Writing Tips: The radical "⻊" is usually related to feet. It is used as the left component of a character.

zì yóu liàn xí
自由练习 *Free practise*

shí zì páng
食字旁　*The radical "饣"*

饣	书写提示："饣"作形旁的字多与饮食有关。食字旁在字的左侧。
	Writing Tips: The radical "饣" is usually related to food. It is used as the left component of a character.

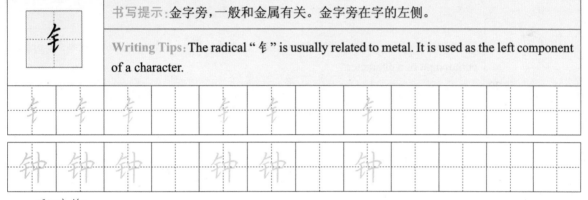

jīn zì páng
金字旁　*The radical "钅"*

钅	书写提示：金字旁，一般和金属有关。金字旁在字的左侧。
	Writing Tips: The radical "钅" is usually related to metal. It is used as the left component of a character.

cǎo zì tóu
草字头　*The radical "艹"*

艹	书写提示："艹"作形旁的字一般与草木植物相关。草字头在字的上部。
	Writing Tips: The radical "艹" is usually related to grass, trees or plants. It is used as the upper component of a character.

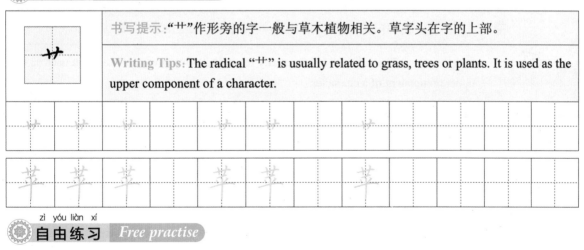

zì yóu liàn xí
自由练习　*Free practise*

zhú zì tóu 竹字头 *The radical "⺮"*

书写提示:竹字头在字的上部,以"⺮"作形旁的字多与竹子有关。

Writing Tips: The radical "⺮" is used as the upper component of a character, and it is usually related to bamboo.

笔　笔　笔　　笔　笔　　笔

bǎo gài 宝盖 *The radical "宀"*

书写提示:"宀"作形旁的字多与房屋有关,宝盖总在字的上部。

Writing Tips: The radical "宀" is usually related to houses. It is often used as the upper component of a character.

家　家　家　　家　家　　家

xué bǎo gài 穴宝盖 *The radical "穴"*

书写提示:"穴"作形旁的字一般与洞、洞穴有关。穴宝盖总在字的上部。

Writing Tips: The radical "穴" is usually related to holes or caves. It is often used as the upper component of a character.

穿　穿　穿　　穿　穿　　穿

zì yóu liàn xí 自由练习 *Free practise*

fǎn wén páng

反文旁　*The radical "攵"*

书写提示:"攵"作形旁的字多与人的动作或行为有关。反文旁一般在字的右侧。

Writing Tips: The radical "攵" is usually related to people's action or behaviour. Normally it is used as the right component of a character.

lì dāo páng

立刀旁　*The radical "刂"*

书写提示:"刂"由"刀"演变而来。"刂"作形旁的字多与刀有关。

Writing Tips: The radical "刂" is evolved from the character "刀". It is usually related to cutters or knives.

shuāng ěr páng

双耳旁　*The radical "阝"*

书写提示:"阝"作形旁的字多与地形、位置有关。

Writing Tips: The radical "阝" is usually related to a landform or location.

zì yóu liàn xí

自由练习　*Free practise*

guó zì kuàng
国字框 *The radical "囗"*

书写提示:用"囗"作形旁的字一般与界限和范围等事物有关。

Writing Tips: The radical "囗" usually means being trapped or besieged.

chǎng zì tóu
厂字头 *The radical "厂"*

书写提示:"厂"作形旁的字多与山崖或房屋有关。

Writing Tips: The radical "厂" is usually related to cliffs or houses.

guǎng zì páng
广字旁 *The radical "广"*

书写提示:"广"作形旁的字多与房屋有关。

Writing Tips: The radical "广" is usually related to houses.

zì yóu liàn xí
自由练习 *Free practise*

zǒu zhī
走之　*The radical "辶"*

书写提示：走之在字的下方。"辶"作形旁的字一般和行走相关。

Writing Tips: The radical "辶" is usually used as the bottom component of a character, and it is usually related to walking.

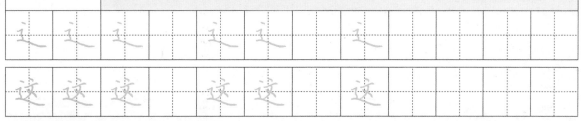

zǒu zì páng
走字旁　*The radical "走"*

书写提示："走"作形旁的字，一般与急走、跑动有关。走字旁在字的左侧，写为"走"。

Writing Tips: The radical "走" is usually related to the act of running or walking. When used as the left component of a character, it is written as "走" with a longer right falling.

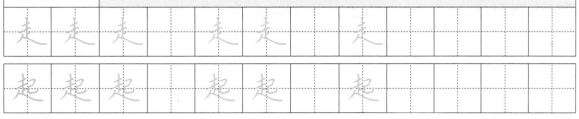

sì diǎn dǐ
四点底　*The radical "灬"*

书写提示："灬"是"火"的变体，一般与火有关。

Writing Tips: The radical "灬" is the variant of the character "火", and it is usually related to fire or the use of fire.

zì yóu liàn xí
自由练习　*Free practise*

词语
Words

名词 *Nouns*

bà	ba								
爸	爸								

father

bí	zi								
鼻	子								

nose

dàn	gāo								
蛋	糕								

cake

ěr	duo								
耳	朵								

ear

gē	ge								
哥	哥								

elder brother

jiě	jie								
姐	姐								

elder sister

dòng cí 动词 *Verbs*

rèn	shí							
认	识							

know

xǐ	huan							
喜	欢							

like

xiè	xie							
谢	谢							

thank

jué	de							
觉	得							

feel

shuì	jiào							
睡	觉							

sleep, go to bed

bāng	zhù							
帮	助							

help

zì yóu liàn xí 自由练习 *Free practise*

形容词 *Adjectives*
xíng róng cí

kuài	lè	kuài	lè	kuài	lè			kuài	lè	
快	乐	快	乐	快	乐			快	乐	

happy

kě	ài	kě	ài	kě	ài			kě	ài	
可	爱	可	爱	可	爱			可	爱	

cute, lovely

shū	fu	shū	fu	shū	fu			shū	fu	
舒	服	舒	服	舒	服			舒	服	

comfortable

lì	hai	lì	hai	lì	hai			lì	hai	
厉	害	厉	害	厉	害			厉	害	

awesome, fierce

liáng	kuai	liáng	kuai	liáng	kuai			liáng	kuai	
凉	快	凉	快	凉	快			凉	快	

cool (of weather)

nuǎn	huo	nuǎn	huo	nuǎn	huo			nuǎn	huo	
暖	和	暖	和	暖	和			暖	和	

warm

自由练习 *Free practise*
zì yóu liàn xí

副词 *Adverbs*
fù cí

hěn					
很					

very

yě					
也					

also, too

zhēn					
真					

really

dōu					
都					

both, all

zài					
再					

again

zuì					
最					

best

自由练习 *Free practise*
zì yóu liàn xí

dài cí
代词 *Pronouns*

nà	nà		nà		nà		nà		nà	

那 那　那　那　那　那

that

shéi	shéi		shéi		shéi		shéi		shéi	

谁 谁　谁　谁　谁　谁

who, whom

wǒ	wǒ		wǒ		wǒ		wǒ		wǒ	

我 我　我　我　我　我

I, me

nǐ	nǐ		nǐ		nǐ		nǐ		nǐ	

你 你　你　你　你　你

you (singular)

tā	tā		tā		tā		tā		tā	

他 他　他　他　他　他

he, him

tā	tā		tā		tā		tā		tā	

她 她　她　她　她　她

she, her

nín	nín		nín		nín		nín		nín	

您 您　您　您　您　您

you (polite)

wǒ	men
我	们

we, us

zì	jǐ
自	己

oneself

nǐ	men
你	们

you (plural)

shén	me
什	么

what

liàng cí 量词 *Measure words*

gè
个

(a measure word for general use)

zhī
只

(a measure word for some animals and some body parts)

jiàn
件

(a measure word)

tiáo	tiáo	tiáo	tiáo	tiáo	tiáo	
条	条	条	条	条	条	

(a measure word)

zhāng	zhāng	zhāng	zhāng	zhāng	zhāng	
张	张	张	张	张	张	

piece (a measure word for flat things such as paper)

助词 *Particles*
zhù cí

ma	ma	ma	ma	ma	ma	
吗	吗	吗	吗	吗	吗	

(a question particle)

ne	ne	ne	ne	ne	ne	
呢	呢	呢	呢	呢	呢	

(a modal particle)

ba	ba	ba	ba	ba	ba	
吧	吧	吧	吧	吧	吧	

(used at the end of a sentence to indicate a mild suggestion)

le	le	le	le	le	le	
了	了	了	了	了	了	

perfective particle

自由练习 *Free practise*
zì yóu liàn xí

数 字
shù zì
Numbers

líng
零   zero

yī
一   one

èr
二   two

sān
三   three

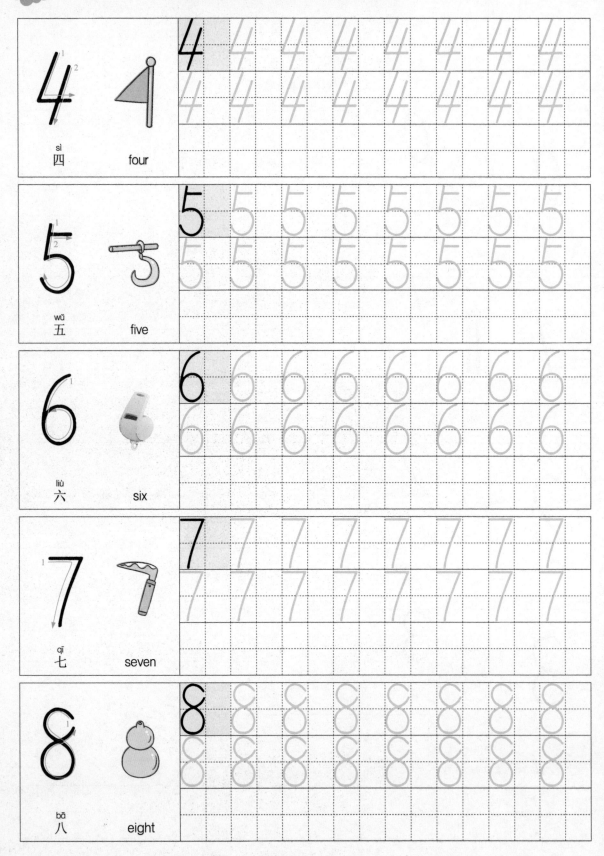

sì 四 four

wǔ 五 five

liù 六 six

qī 七 seven

bā 八 eight

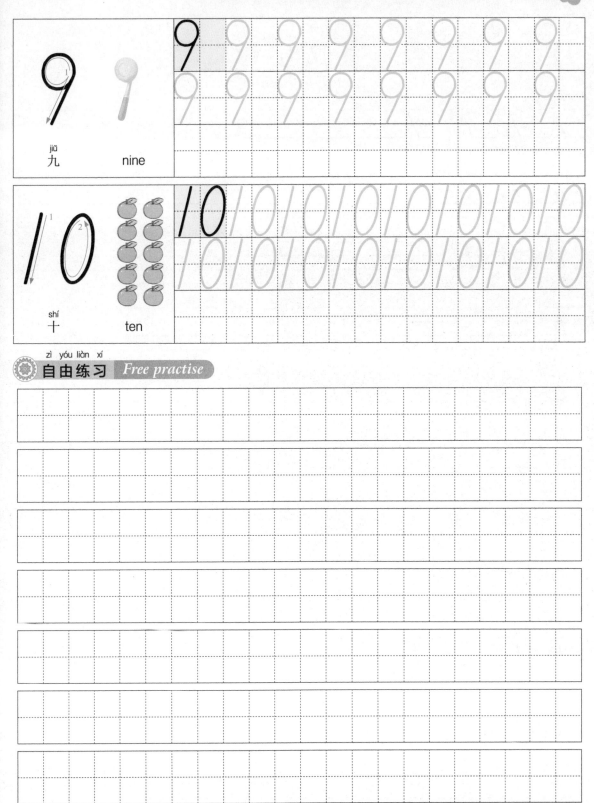

jiǔ
九　　　nine

shí
十　　　ten

zì yóu liàn xí
自由练习　*Free practise*

英文字母

English Letters

A A A A   *Aa   Aa   Aa   Aa*

a a   *Aa   Aa   Aa   Aa*

B B B   *Bb   Bb   Bb   Bb*

b b   *Bb   Bb   Bb   Bb*

C C   *Cc   Cc   Cc   Cc*

c c   *Cc   Cc   Cc   Cc*

D D D   *Dd   Dd   Dd   Dd*

d d d   *Dd   Dd   Dd   Dd*

E E E E   *Ee   Ee   Ee   Ee*

e e   *Ee   Ee   Ee   Ee*

F F F F   *Ff   Ff   Ff   Ff*

f f f   Ff Ff Ff Ff

G G   Gg Gg Gg Gg

g g   Gg Gg Gg Gg

H H H H   Hh Hh Hh Hh

h h   Hh Hh Hh Hh

I I I I   Ii Ii Ii Ii

i i i   Ii Ii Ii Ii

J J   Jj Jj Jj Jj

j j j   Jj Jj Jj Jj

K K K   Kk Kk Kk Kk

k k   Kk Kk Kk Kk

L L   Ll Ll Ll Ll

l l   *l l*   *l l*   *l l*   *l l*

M M M   *Mm*   *Mm*   *Mm*   *Mm*

m m   *Mm*   *Mm*   *Mm*   *Mm*

N N N   *Nn*   *Nn*   *Nn*   *Nn*

n n   *Nn*   *Nn*   *Nn*   *Nn*

O O   *Oo*   *Oo*   *Oo*   *Oo*

o o   *Oo*   *Oo*   *Oo*   *Oo*

P P P   *Pp*   *Pp*   *Pp*   *Pp*

p p p   *Pp*   *Pp*   *Pp*   *Pp*

Q Q Q   *Qq*   *Qq*   *Qq*   *Qq*

q q   *Qq*   *Qq*   *Qq*   *Qq*

R R R   *Rr*   *Rr*   *Rr*   *Rr*

r r

S S

s s

T T T

t t t

U U U

u u

V V

v v

W W

w w

X X X

X X X   Xx Xx Xx Xx

Y Y Y   Yy Yy Yy Yy

y y   Yy Yy Yy Yy

Z Z   Zz Zz Zz Zz

z z   Zz Zz Zz Zz

zì yóu liàn xí
自由练习 *Free practise*